Sᵗ-YVES DE KERMARTIN

PATRON DES AVOCATS.

DISCOURS DE M. LORGNIER

Avocat à la Cour d'Appel, Ancien Bâtonnier

Séance du 13 Mai 1887

AMIENS

TYPOGRAPHIE ET LITHOGRAPHIE T. JEUNET

45, RUE DES CAPUCINS, 45

1887

SAINT-YVES DE KERMARTIN.

ACADÉMIE D'AMIENS

Sᵀ-Yves de Kermartin

PATRON DES AVOCATS

DISCOURS DE M. LORGNIER

Avocat à la Cour d'Appel, Ancien Bâtonnier

Séance du 13 Mai 1887

AMIENS

TYPOGRAPHIE ET LITHOGRAPHIE T. JEUNET

45, RUE DES CAPUCINS, 45

—

1887

S^T-YVES DE KERMARTIN

PATRON DES AVOCATS

DISCOURS DE M. LORGNIER

Avocat à la Cour d'Appel, Ancien Bâtonnier.

M ESSIEURS,

Je dois, avant tout, vous remercier d'avoir bien voulu me recevoir dans votre savante compagnie.

Le culte des lettres trouve parmi vous un refuge, où l'hospitalité s'exerce avec une rondeur aimable qui me mettrait à l'aise, si je pouvais oublier que mes titres à votre bienveillance résident, non dans le mérite ou dans des travaux accomplis, mais dans une simple communauté de goûts et d'intentions.

Vos usages imposent à celui que vous accueillez,

le devoir de vous offrir un tribut que la reconnaissance voudrait empressé, mais que recule souvent l'effroi de comparaître devant des juges dont l'indulgence ne saurait aveugler le goût et la délicatesse.

Votre règle toutefois est large et libérale : vous laissez à chacun le choix du sujet qui convient le mieux à ses aptitudes et à ses travaux ordinaires, et la mesure du développement qu'il lui paraît comporter.

Vous trouverez donc naturel qu'un avocat soit attiré par une étude se rattachant à la profession qu'il a embrassée.

L'avocat, en effet, porte au plus haut degré l'amour de son état : Il se souvient avec orgueil des témoignages qui ont été rendus à son ordre, dont d'Aguesseau disait : « qu'il était aussi ancien que la magistrature, et aussi nécessaire que la justice » à l'œuvre de laquelle il apporte le concours d'un labeur incessant et d'une fidélité éprouvée.

A une heure à laquelle l'organisation des

avocats est l'objet de discussions dont l'écho est
venu jusqu'à vous, j'étais vivement tenté de saisir
cette occasion de répondre à ceux qui attaquent
notre ordre, au nom d'une conception théorique
et absolue de la liberté pour l'application de laquelle les sociétés humaines sont trop étroites et
le heurt des intérêts et des passions qui les agitent,
trop violent et trop brutal ; mais, ce que je vou-
lais entreprendre, d'autres l'on fait dans ces der-
niers temps avec une autorité et un talent qui me
manquent. Ne savons-nous pas, d'autre part, que
celui qui plaide sa propre cause, est en grand
péril de la compromettre ? L'avocat de soi-même
est suspect au juge qui le croit exclusivement
guidé par l'intérêt. Il n'a, d'ordinaire, ni le calme,
ni la mesure sans lesquels la vérité elle-même est
sans autorité. Il se complait dans son sujet, s'y
attarde et oublie que la fatigue du juge est la
mère de bien des erreurs et de bien des injustices.
On est, dit la sagesse des nations, mauvais juge
en sa propre cause, on y est pire avocat encore.

J'ai donc, sans mérite, sinon sans regret,

renoncé à plaider devant vous *pro domo meâ* ; je ne suis pas résigné pourtant à sortir du domaine professionnel, et j'ai voulu esquisser l'étude d'une légende qui est encore vivante au barreau.

Les avocats ont au ciel un patron, Saint-Yves de Kermartin, dont la fête se célébrait autrefois avec solennité ; nombre de barreaux ont gardé l'usage de se réunir chaque année, le jour de Saint-Yves, dans un de ces banquets de famille dont la tradition va se perdant, au grand détriment de la vieille confraternité faite de large tolérance, d'affectueuse estime et de réelle intimité, si nécessaire aux hommes que pressent sur un terrain étroit les travaux et les luttes de chaque jour.

Les historiens du barreau paraissent avoir mal connu la vie de son patron. C'est à peine si Fournel, dans son ouvrage sur les avocats au Parlement de Paris, lui consacre quelques lignes qui n'ont même pas le mérite de l'exactitude, et il faut remonter au Dialogue d'Antoine Loisel pour rencontrer au palais un document précis ;

mais si la tradition judiciaire est sobre de souvenirs historiques sur Saint-Yves de Kermartin, elle fourmille d'anecdotes satiriques dans le goût d'autrefois, et d'épigrammes que la malignité de nos pères n'épargnait pas plus aux avocats qu'aux magistrats et aux médecins.

Qui ne connaît, par exemple, le récit de l'entrée de saint Yves au Paradis ? Suivant la légende, saint Yves, trompant le vigilance de saint Pierre, se serait glissé subrepticement au céleste séjour. Saint Pierre s'en étant avisé, le voulut mettre dehors. Il n'entre pas, dit-il, d'avocat en ce lieu. — J'y suis, réplique le subtil légiste, et possession vaut titre ; il faut, pour m'expulser, ministère de sergent. — Saint Pierre s'inclina devant la lettre de l'ordonnance de procédure, et de même qu'il avait jadis remis le glaive au fourreau, il déposa sa hallebarde, et se mit en quête d'un huissier ; mais sa recherche fut vaine, il n'y en avait point au paradis, et l'obstiné Breton resta en possession de la place qu'il a eu depuis et le temps de prescrire.

Ce ne serait point assurément sur cette dernière donnée, ni même sur les indications fournies par Antoine Loisel qu'il serait permis de reconstituer l'histoire de saint Yves ni de fixer les origines de la tradition qui en a fait le protecteur attitré des hommes de loi.

Mais saint Yves est aussi le patron et le saint le plus populaire de toute la Bretagne, et sa vie occupe une grande place dans les légendes armoricaines. Elle a été, à ce titre, plusieurs fois écrite dans le pays, avec plus de naïveté, peut-être, que de véritable érudition, mais en tous cas sur un document d'une incontestable autorité, le procès-verbal de l'enquête canonique.

C'est dans ces œuvres locales que j'ai puisé les éléments de la modeste notice dont je vous fais l'humble hommage.

Au milieu du treizième siècle, s'élevait au bourg de Minihy, non loin de Tréguier, le vieux manoir de Kermartin, dont le seigneur avait nom Hélory, et se distinguait autant par sa foi et sa piété, que par sa naissance et sa bravoure.

C'est là, dit Albert-le-Grand, « que naquit, le
« 17 octobre 1253, celui qui devait être un jour
« l'heureux saint Yves, mirouër des ecclésias-
« tiques, ornement de son siècle, advocat, et père
« des povres, veufves et orfelins, patron univer-
« sel de la Bretaigne armorique. »

Tout l'éloignait pourtant de cette destinée :
dans les mœurs du temps, le fils aîné du seigneur
de Kermartin ne pouvait être qu'un vaillant
homme d'armes comme son père ou comme son
aïeul le chevalier Tanoïc et ce n'était qu'avec la
lance et l'épée qu'il devait combattre pour Dieu
et pour l'Église, pour le droit et la justice. Mais
la légende raconte que la pieuse mère de saint
Yves fut avertie en songe de la gloire réservée à sa
maison et pour répondre à cette vocation divine,
le seigneur Hélory donna comme maître à son fils,
au lieu d'un écuyer pour lui enseigner le métier
des armes, un clerc pour l'instruire dans les
lettres.

Yves fit des progrès si merveilleux qu'à 14 ans
il avait épuisé la science de ce premier maître et

que son père dut se déterminer à l'envoyer à Paris,
afin, dit un ancien chroniqueur, « de combler et
« de parachever le gentil commencement de ses
« études ». C'est là que, sous l'égide de Jean
Kerangoz, devenu son condisciple après avoir été
son précepteur, il étudia la logique et les arts : à
vingt ans il était maître et professait, comme avait
fait deux siècles plus tôt son compatriote Abeilard ;
mais il ne s'enorgueillit pas de ces premiers succès
et se garda de s'y attarder : il se livra bientôt tout
entier à l'étude du droit canon et de la théologie,
qui l'attiraient davantage.

Il resta cinq années encore à Paris, et c'était,
disent les vieilles chroniques, merveille de voir
Yves de Kermartin au milieu de la foule d'étudiants qui se pressaient alors autour de la mon-
tagne Sainte-Geneviève et du pré Saint-Marcel et
dont la plupart maniaient plus volontiers la
dague et l'épée que la plume et l'écritoire.

Ce fils de seigneur était humble et doux,
patient et laborieux ; il couchait sur la dure, se
contentait de pain bis et distribuait aux pauvres

ses autres aliments ; il consacrait au travail les nuits qui se passaient autour de lui en bruyantes orgies et en rixes sanglantes et déjà se distinguait plus encore par la piété et les vertus d'un saint que par sa science précoce : « c'était, dit un panégyriste, dans un corps fragile, le maintien et la continence d'un ange ».

Ce n'est qu'à l'âge de 24 ans, après plus de dix années remplies par l'étude des lettres, des arts, puis de la dialectique, de la théologie et du droit canon, qu'Yves quitta Paris et se rendit à Orléans, où l'enseignement du droit civil et du droit ecclésiastique brillait du plus vif éclat.

Des hommes comme Pierre de la Chapelle, qui fut depuis évêque et cardinal et Guillaume de Blaye, qui mourut évêque d'Angoulême, attiraient et retenaient autour de leur chaire une foule enthousiaste d'étudiants de toutes classes et de toutes nationalités.

A cette époque, d'ailleurs, la science du droit offrait à l'esprit effrayé, un dédale inextricable.

La jurisprudence se composait du droit féodal, du droit canonique, du droit civil.

Le droit féodal était la source de difficultés d'autant plus épineuses que son origine se perdait dans les obscurités des premiers temps de la monarchie.

Le droit Canon comprenait les décrétales des papes, les collections des canons, les constitutions ecclésiastiques ; le droit civil, les ordonnances, les diplômes des rois, les usages et coutumes, dont la variété défiait la plus vaste érudition. A ces innombrables documents s'ajoutait l'œuvre immense des jurisconsultes romains dont le monument principal, un précieux manuscrit des Pandectes, avait été découvert au milieu du siècle précédent, dans le pillage d'Amalfi et était, en peu de temps, devenu l'objet d'une sorte d'idolâtrie.

Aussi Yves de Kermartin consacra-t-il à ces nouvelles études plus de 4 années après lesquelles seulement il reprit le chemin de la Bretagne.

Il avait alors 28 ans, et tel était le renom de

science et de vertu qui l'avait précédé que l'archidiacre de Rennes l'investit aussitôt des fonctions d'official.

C'est à cette époque qu'Yves entra dans les ordres, puis se retira au manoir de Kermartin, où vint le retrouver la dignité dont il s'était démis. L'évêque de Tréguier le fit en effet official du siège épiscopal, et le pourvut d'abord de la cure de Trédrez, puis, en 1293, de celle plus importante de Loannec.

« Ce fut, dit l'abbé de l'Œuvre qui écrivait à la fin du dix-septième siècle et qui était prieur de Saint-Yves à Paris, « dans ces deux fonctions de « juge et de curé qu'il se sanctifia, en sorte qu'il « est jusqu'ici le seul homme de justice et le seul « curé que l'Église ait canonisé : remarque qui « n'est que de fait, ajoute-t-il, avec une pointe de « malice, et dont on ne veut tirer aucune consé- « quence qui puisse faire peine à personne, quoi « qu'elle puisse donner lieu à plusieurs de faire « d'utiles réflexions. »

Les fonctions d'official, c'est-à-dire de juge

ecclésiastique, avaient au treizième siècle une grande importance.

La juridiction ecclésiastique était investie d'une compétence très étendue : « Elle entreprenait quasi tout, » dit avec raison Antoine Loisel. En dehors des affaires purement ecclésiastiques, elle connaissait de toutes actions entre clercs, personnes ecclésiastiques et écoliers, et de tous litiges entre clercs et laïques à cause du privilège du clerc ; entre toutes personnes, des actions relatives au mariage, à la solennité des testaments et aux contrats civils dans lesquels figurait une formule de serment, et cette formule était devenue de style dans les actes, enfin de tous les litiges auxquels les parties convenaient d'étendre sa compétence.

La justice criminelle elle-même ne lui échappait qu'à demi. Le juge laïque, en effet, était tenu, quand l'accusé était clerc, de le remettre à l'autorité ecclésiastique et celle-ci ne le livrait au bras séculier qu'après l'avoir déclaré déchu de son privilège.

Il suffit d'ouvrir l'histoire pour y trouver l'explication de ce développement des juridictions ecclésiastiques.

Comme le dit Joseph de Maistre dans le livre du pape, « au milieu de l'effroyable et sanglant « pêle mêle qu'avait produit dans tout l'univers « la ruine de l'empire romain, l'Eglise seule avait « conservé, germes précieux de la civilisation « moderne, les traditions de justice sans les- « quelles les royaumes ne sont que des réunions « de brigands. »

Les justices seigneuriales sorties de ce chaos, avaient gardé la rudesse des nouveaux maîtres ; d'abord la force avait été la seule sanction du droit, et la violence la seule forme de justice : puis, au milieu des guerres privées, s'étaient élevées d'innombrables juridictions féodales et justices seigneuriales où régnaient l'arbitraire et la confusion et devant lesquelles, au quatorzième siècle, malgré les ordonnances de saint Lonis, et de ses successeurs, le dernier mot restait encore, dans les causes douteuses, au combat judiciaire ; quel contraste avec les juridictions ecclésiastiques, leur

unité, leur puissante hiérarchie, les formes de
procédure et d'instruction qu'elles substituaient
à la brutalité du plus fort.

Quoi de surprenant qu'aidés par l'autorité
chaque jour grandissante du pape et des évêques,
l'action pénétrante de l'esprit de l'église et de sa
propagande, par la réunion fréquente dans les
mains de l'évêque de la puissance spirituelle et du
pouvoir féodal, les tribunaux ecclésiastiques aient
rapidement conquis la place qu'ils occupaient au
treizième siècle, au moment où Yves de Kermartin devenait official de l'évêque de Tréguier.
Mais plus la compétence du juge était étendue, plus
lourdes étaient les obligations et plus épineuses
les difficultés de sa charge ; à une époque où les
forts apprenaient à peine à s'incliner et les puis-
sants à se soumettre, où les règles du droit po-
sitif étaient éparses dans les coutumes, flottantes
dans les usages, noyées dans les gloses, incer-
taines dans leurs formules, ces graves fonctions
exigeaient une inébranlable fermeté, et avec une
science consommée et une érudition toujours

prêtes, un esprit sagace et délié, une rare pénétration.

Yves de Kermartin possédait à un degré suprême ces qualités diverses et également nécessaires. Il se montra, dit en substance le rapport des commissaires apostoliques délégués par le pape, sage et savant, juste et religieux, faisant à chacun prompte et exacte justice sans acception de personne ; on ne le vit jamais ému ni troublé que par l'injustice et la mauvaise foi : souvent d'ailleurs, ajoutent les enquêtes, son ardente charité éteignait les procès ; au seuil même du débat, sa parole pénétrait les plus endurcis et rétablissait entre les plaideurs la paix et l'union. Le tiers à peine des procès qui venaient à sa barre était suivi de jugement. Saint Yves fut ainsi le modèle des juges avant de devenir leur patron.

Mais Yves de Kermartin ne fut pas seulement prêtre et officier de justice ecclésiastique. Il fut en même temps avocat.

Autrefois, en effet, le caractère sacerdotal et les

dignités ecclésiastiques n'excluaient point l'exercice de cette profession. Avant le troisième concile de Latran, presque tous les avocats étaient d'église et les clercs plaidaient indistinctement devant les justices épiscopales et devant les justices laïques. Certaines procédures, fréquemment suivies devant ces dernières, s'accordaient mal pourtant, avec l'esprit religieux et les lois ecclésiastiques. Il en était ainsi, par exemple, de la preuve par le combat judiciaire dont les formes nous ont été conservées par Dumoulin. Le défenseur, en ce cas, devenait presqu'un héraut d'armes ; au nom de son client, il jetait le gant ou gage de bataille au milieu du parquet et concluait à ce que l'adversaire fût tenu de le relever en signe d'acceptation du combat ; on plaidait sur l'admission du « gage de bataille » comme on plaide aujourd'hui sur l'admission d'une enquête, et le rôle de l'avocat qui formulait l'appel au combat, offrait plus d'un péril S'il n'était pas muni d'un pouvoir formel ou assisté de son client, s'il ne prenait garde de dégager expressément sa propre

personne et de déclarer hautement qu'il ne parlait
qu'au nom de sa partie, s'il s'oubliait en paroles
outrageantes, il s'exposait à combattre lui-même
ou à être pris à partie et appelé en champ clos, ce
qui arriva à Hugues de Fabrefort.

Le président en avertissait l'avocat, et le « Style
du parlement » contient à cet égard une dis-
position précise formulée dans un latin étrange :
Debet præcavere advocatus, y est-il dit, *ut faciat
mentionem de advocato, quia si non facerel, per
se ipsum oporteret quod duellaret.*

Quand le combat était ordonné, le ministère
des avocats n'était pas fini. Ils accompagnaient
leurs clients sur le champ de bataille, les aidaient
de leurs conseils et on vit parfois un avocat ro-
buste et versé dans le maniement des armes pous-
ser le zèle jusqu'à entrer dans la lice et gagner à
la pointe de l'épée le procès de son client. Sans
doute les clercs se tinrent le plus souvent à l'écart
de ces procédures barbares ; mais de graves abus
s'étaient introduits dans l'exercice de la profession d'avocat par les personnes ecclésiastiques,

des scandales même s'étaient produits, auxquels le concile de Latran tenu en 1179, sous Alexandre III, décida de mettre fin en interdisant aux clercs toutes fonctions judiciaires dans les tribunaux laïcs. Cette interdiction ne paraît pas avoir été rigoureusement suivie : Loisel rapporte, en effet, que, sous le règne de Louis XI, le roi de Portugal se trouvant à Paris, eut la curiosité d'assister à une séance du Parlement, et que l'auguste assemblée voulant faire montre de ce qu'elle avait de « plus exquis en éloquence » produisit François Halé archidiacre de Paris, et Pierre de Braban, curé de Saint-Eustache, dans une affaire de droit de régale.

La règle d'ailleurs n'allait pas sans certaines exceptions que nous fait connaître, précisément à propos de saint Yves, un juriste breton, Alain Bouchart : « Un prêtre, dit-il, ne doit point, en
« cour laye, exercer l'office d'advocat, sinon
« pour lui ou pour son Eglise, ou si la nécessité
« le requiert, pour ses amis, conjoints et misé-
« rables personnes. Et est entendue la dite néces-

« sité, quand la personne conjointe n'a de quoi
« salarier ung avocat, où s'il ne s'en trouve de si
« suffisant que le prêtre. »

Saint Yves ne transgressa ni la lettre ni l'esprit
des défenses du Concile, prises même dans le
sens le plus rigoureux. Voici en effet, au rapport
de Loisel, comment le pieux official de Tréguier
exerça le ministère d'avocat : « Oubliez-vous,
« dit Loisel à Pasquier, au Dialogue des Avocats,
« le patron des advocats « qui vivait au temps de
« Philippe le Hardi ? — Quel, disait M. Pas-
« quier ? Mᵉ Yves de Kermartin, lequel fust si
« grand personnage qu'il a esté canonisé et sur-
« nommé saint Yves. — Il n'est pas des nostres,
« disait M. Pasquier, ains Breton.

« Si peut-il, répondoit Loisel, estre mis au
« nombre de nos advocats, car encore qu'il fut
« official de Rennes et depuis de Tréguier, ne
« délaissait-il pas d'exercer par charité l'estat
« d'advocat pour les veufves, orphelins et autres
« personnes misérables et non seulement ès-cours
« d'Eglise, et autres de Bretagne, mais aussi

« aux baillages du Parlement de Paris, suivant
« leurs procès, même jusqu'à la Cour, ainsi qu'il
« est récité au deuxième livre du *Miroir historial*
« ou *Rosier des Guerres*, jadis composé pour le
« le roi Louis XI. » Et Bouchard ajoute que non
seulement saint Yves ne prenait aucun salaire,
mais qu'en outre sa peine et advocation « qu'il
« remettait aux povres et misérables personnes,
« comme femmes veufves, enfants orphelins et
« gens enfermés et malades, il leur donnait de
« ses propres deniers pour conduyre leur procès. »

Souvent aussi on vit saint Yves aller à Tours,
devant le tribunal de l'archevêque métropolitain
de toute la Bretagne, soutenir les jugements qu'il
avait rendus comme official de Rennes et de
Tréguier, et dont une partie puissante avait
interjeté appel ; c'est dans l'un de ces voyages
qu'il plaida devant le bailli de Touraine, pour
une pauvre veuve « en l'hostellerie de laquelle il
s'était logé », la seule cause dont la relation
détaillée nous soit parvenue, et qu'Antoine Loisel

a résumée en une page à laquelle je veux laisser
le cachet et le parfum du temps.

« Deux hommes, dit-il, qui étaient arrivés en
« une hostellerie de Tours, ayant baillé une
« bougette en garde à l'hostesse, qui était une
« femme veufve, et lui ayant recommandé qu'elle
« ne la rendît à personne qu'à eux deux ensemble ;
« cinq ou six jours après, l'un d'eux la lui vint
« redemander tout seul, sous prétexte d'un
« payement qu'il exposa qu'ils avaient tous deux
« à faire dans la ville. L'hostesse ne se souvenant
« plus ou ne pensant plus à ce qui avait été dit,
« ne fit aucune difficulté de la lui bâiller et
« celui-ci l'ayant incontinent emportée ne retourna
« plus au logis Cependant l'autre s'y rendit sur
« le soir et n'y trouvant pas son compagnon, il
« s'enquit de l'hostesse où il était. Elle répondit
« ingénuement qu'elle ne l'avait point vu depuis
« qu'elle lui avait rendu la bougette : alors cet
« homme, faisant de l'estonné, s'écria qu'il était
« perdu, et qu'il y avait dans cette bougette une
« grande somme d'argent.

« Puis se tournant vers elle, il luy remontra
« que c'estait au préjudice de ce qui avait esté
« résolu entre eux, qu'elle l'avait remise entre
« les mains de l'un en l'absence de l'autre, et luy
« déclara qu'il se pourvoirait contre elle en jus-
« tice ; et de faict, il la fit adiourner par devant
« le bailly de Touraine, à ce qu'elle eust à luy
« rendre ce dépost, et elle, ayant comparu à l'assi-
« gnation, demeura ingénuement d'accord de tout
« ce qui s'estait passé ; sur quoi il affirma qu'il
« avait dans cette bougette cent pièces d'or, outre
« plusieurs scédules et autres papiers de consé-
« quence, de sorte que cette pauvre veufve était
« sur le point d'être condamnée. Mais le bon
« saint Yves étant survenu fort à propos, la
« délivra de cette peine par un expédient non
« moins certain que prompt dont il s'advisa ; car,
« après qu'il se fût instruit de l'affaire, il lui
« donna advis de remonstrer qu'elle avait trouvé
« moyen de recouvrer la bougette, qu'elle était
« prête à la réprésenter, mais qu'aux termes de la
« recognoissance du demandeur, il était obligé

« de faire comparaître son compagnon, afin
« qu'elle le pust rendre à eux deux, ce que le
« juge ayant trouvé raisonnable il l'ordonna
« ainsi, à quoi le demandeur n'ayant voulu ou pu
« satisfaire, non seulement la bonne veufve fut
« renvoyée absoute, mais aussi s'étant découvert
« que ces galants étaient des pipeurs qui collu-
« daient ensemble pour ruiner leur hôtesse, le
« demandeur en fut puni extraordinairement. »

N'est-ce pas là chef-d'œuvre d'avocat, ajoute
Loisel, et cette histoire ne mérite-t-elle pas d'être
racontée et notre saint Yves canonisé « mis au
rang de nos advocats ? »

C'est ainsi que saint Yves a illustré la Bretagne
et que le Plutarque du barreau marque sa place
parmi les avocats au Parlement de Paris.

Dans les dernières années de sa vie saint Yves
se consacra tout entier à ses devoirs de pasteur :
il se démit de ses fonctions d'official et refusant
les dignités qui lui étaient offertes, se retira au
manoir de Kermartin, dont sa paroisse de

Loannec était voisine. — Cette partie de la vie de saint Yves appartient à l'hagiographie, et l'histoire ecclésiastique. Elles racontent à l'envi l'humilité et l'austérité de sa vie, son infatigable charité, ses ardentes et fécondes prédications, la sainteté de sa mort, survenue prématurément le 19 mai 1303, les obsèques triomphales que la Bretagne entière lui décerna, les miracles qui révé.èrent sa gloire et manifestèrent la puissance de son intercession.

Moins de 30 ans après s'ouvraient les enquêtes canoniques et le 19 mai 1347 le pape Clément VI promulguait solennellement la bulle de canonisation.

Les Chroniques bretonnes sont pleines du récit des fêtes célébrées à cette occasion. Ce fut, au milieu des guerres qui déchiraient cette partie de la France, une sorte de trêve ; tous les prélats de Bretagne, tous les ordres, depuis les barons jusqu'au peuple, s'y étaient portés, et Charles de Blois, prisonnier du parti de Montfort, obtint de ses geôliers la permission d'y assister.

Le culte de saint Yves se répandit immédiate-
ment dans toute la Bretagne ; on vit s'élever de
tous côtés des chapelles et des églises et des multi-
tudes de pèlerins se diriger vers le sanctuaire de
Tréguier, où reposaient les restes du pieux official.

Le Parlement de Bretagne et d'autres grands
corps judiciaires se placèrent sous sa protection ;
non seulement dans cette province, mais à Paris,
dans le Nord et dans le midi de la France,
dans les Pays-Bas, à Rome, on vit se fonder,
sous l'invocation de saint Yves, des confréries
d'hommes de justice dont la plupart pourvoyaient,
par une sorte d'assistance judiciaire fondée sur la
charité à la défense des pauvres et des petits.

A Paris, cette confrérie, qui remontait à 1348,
était placée sous la protection immédiate du
premier président du Grand Conseil et se
réunissait dans une église érigée rue saint Jacques,
sous le vocable de saint Yves et enrichie par nos
rois ; « c'etait, dit l'abbé de l'Œuvre, une com-
« pagnie célèbre de personnes de piété et de
« condition, principalement d'ecclésiastiques et

« de gens de justice ; et il ajoute : Tous les jours,
« on voit des personnes de première qualité,
« sans en excepter les princes et les princesses,
« qui viennent à l'église de saint Yves implorer
« le secours de Dieu, par son intercession, dans
« leurs affaires, et ensuite le remercier du succès,
« en y apportant les jugements qu'ils ont obtenus,
« et en les pendant aux murailles de cette église,
« comme des anathèmes, pour reconnaissance de
« leur gratitude. »

La confrérie a été emportée par la Révolution,
mais l'église n'a été rasée qu'en 1823.

Telle est rapidement parcourue, l'histoire de
Saint-Yves de Kermartin et de l'établissement du
culte qui lui a été décerné.

Les avocats le prirent de bonne heure pour
patron, et ce titre est relevé par le premier histo-
rien du barreau de Paris.

Des esprits chagrins, il n'en est pas dans cette
assemblée, chercheraient en vain à diminuer la
gloire de saint Yves et la nôtre, en observant
qu'il était au Paradis le seul représentant de

notre Ordre et le seul protecteur qu'il nous fût
permis de choisir. Je puis affirmer, en terminant,
que sur ce point, étranger au dogme de l'infailli-
bilité apostolique, saint Pierre et la légende se
sont également trompés. L'un des nôtres, en effet,
justement ému par l'espèce d'exclusion dont nous
semblions frappés, a fait imprimer à Leyde, en
1632, un savant ouvrage dans lequel il publie
l'éloge de cinquante avocats canonisés; il offre
même d'en faire connaître un plus grand nombre
et démontre victorieusement ainsi, pour l'édifica-
tion de ses confrères et leur tranquillité, que les
voies du salut et les portes du ciel leur sont lar-
gement ouvertes.

30,103. — AMIENS. — IMP. T. JEUNET.